Edmond GROULT

LISIEUX

Notice historique

(Extrait du journal Le Lexovien, *nᵒˢ des
16, 20, 27 et 30 Septembre 1893*

LISIEUX

Lith. CHOPPE & MORIÈRE, rue du Bouteiller, 20 & 22

—

1893

EDMOND GROULT

LISIEUX

Notice historique

(Extrait du journal Le Lexovien, nos *des*
16, 20, 27 et 30 Septembre 1893

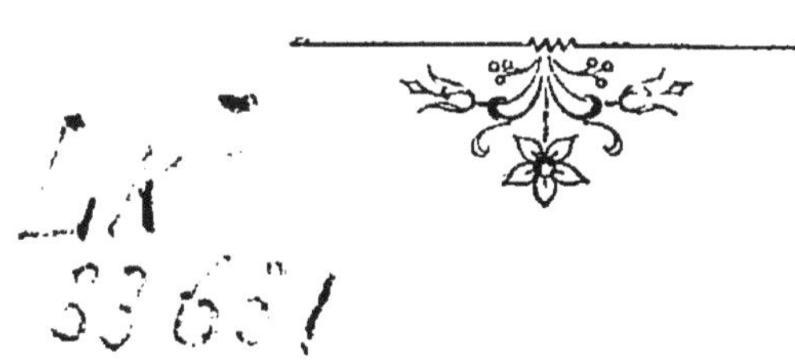

A mes Concitoyens,

Cordial hommage,

Edmond **GROULT.**

Lisieux, le 4 Septembre 1893.

LISIEUX

NOTICE HISTORIQUE

> L'histoire est une résurrection.
> MICHELET.

Si nous voulions nous représenter nos premiers ancêtres lexoviens, nous les peindrions
par une belle journée ensoleillée occupés à
cueillir le gui sacré. Un vieillard à longue
barbe, vêtu d'une tunique blanche, en coupe-
rait les tiges avec une faucille d'or.

Nous nous sentirions à l'aurore de la civilisation naissante. Un progrès considérable
se serait accompli pendant les longs siècles
où les premiers hommes, ne se distinguant
que fort peu des autres animaux, menaient
une vie errante pleine de périls et de terreurs.

La scène se passerait sur le sol de la ville
actuelle ou dans son voisinage, à la lisière de
la forêt immense qui couvrait alors tous les

côteaux des environs de la Touque. Les eaux de notre rivière, n'ayant pas encore de lit régulier, formeraient un vaste marécage sur les terrains où nous admirons aujourd'hui nos belles praieries.

Nous placerions à peu de distance de nos personnages quelques huttes à l'ombre de chênes séculaires. Ce serait le berceau du futur Lisieux. Il est impossible d'en fixer la place avec exactitude, on présume que la chétive bourgade existait quelque part dans la vaste enceinte du Castellier (1) dont on retrouve encore dans certains endroits des vestiges reconnaissables.

Ce que l'on sait seulement avec certitude, c'est que le Lisieux Gaulois était une ville entourée de murailles et l'une des plus importantes de la Gaule au moment où se produisit l'invasion romaine, l'an 56 avant J.-C. — Nous sommes au seuil de l'histoire.

*
* *

Lisieux, comme la plupart des villes gauloises. vivait en République. — C'est, à un certain degré de civilisation, le gouver-

---

(1) Quelques auteurs pensent que cette enceinte était un camp romain. Nous n'avons pas la prétention de trancher cette question.

Nous n'examinerons pas non plus celle de savoir si *Noviomagus Lexoviorum* fut le *nom* primitif de notre antique cité ou le *port* des Lexoviens Nous renvoyons sur cette dernière question à la très remarquable dissertation de M. Arthur de Ville d'Avray, publiée dans l' « Annuaire de l'Association Normande » de 1897.

nement naturel. — Mais cette forme de gouvernement, pas plus qu'une autre n'empêche les factions de se produire. A l'approche de l'invasion romaine, il se forma dans notre ville deux partis : le parti de la paix représenté par les sénateurs et le parti de la guerre représenté par les jeunes gens et la majorité du peuple. La jeunesse et le nombre l'emportèrent ; les sénateurs furent massacrés. La suite montra que le parti de la guerre n'était pas le plus sage. Au surplus, nous n'avons pas à juger nos grands ancêtres, mais à exposer les faits.

Pareil massacre s'était produit dans la République voisine, à Evreux. Les deux villes envoyèrent alors l'élite de leurs guerriers rejoindre ceux des Unelles (peuplades du Cotentin) Une armée Gauloise nombreuse et enthousiaste marcha sous les ordres du général Gaulois Viridovic au secours des habitants de Vannes (les Venètes) attaqués par le général Romain Q. Titurius Sabinus, chef de trois légions. L'armée gauloise fut battue après des prodiges de valeur. et notre antique cité dût, pour la première fois, sentir la colère du vainqueur.

Elle se révolta quatre ans après et fournit trois mille guerriers à l'armée de Vercingétorix, le glorieux et dernier champion de l'indépendance gauloise. L'intrépidité de nos ancêtres dût encore céder à la supériorité de l'armement et de la discipline des envahisseurs. La Gaule fut définitivement réduite en province romaine.

La haine des vaincus ne tarda pas à s'apaiser puisque nous trouvons, en l'an 12, le nom de notre cité parmi les cinquante villes gauloises qui élevèrent un autel dans la ville de Lyon en l'honneur de l'empereur Auguste.

La domination romaine fut du reste assez douce aux peuples soumis. Notre ville en particulier paraît avoir joui d'une grande prospérité pendant les trois premiers siècles de cette occupation, qui dura environ quatre siècles et demi. Elle couvrait alors tout l'emplacement de la ville actuelle et en outre tout le côteau de la ferme des Tourelles, du champ Funèbre et du champ Loquet. On y a trouvé des vestiges de temples et de palais, les ruines d'un théâtre dont un pan de mur est encore debout, et l'emplacement de ce qu'on suppose être un cirque (1).

*
* *

Notre pauvre cité allait, elle aussi, se trouver submergée dans l'écroulement de l'Empire Romain. En 486, Clovis, roi des Francs, battit à Soissons le patrice Syagrius. Cette victoire lui donna toute la région du nord de la Gaule, y compris le pays lexovien. Il ne tarda pas à s'emparer du reste et fonda ainsi le Royaume des Francs qui, après de longs siècles d'é-

----

(1) D'intéressantes promenades pourraient être organisées en ce lieu très pittoresque : mais il faudrait en rendre l'accès plus facile par quelques travaux d'ailleurs peu coûteux et dont le prix serait bientôt remboursé par les visiteurs. Peut-être aussi pourrait-on y pratiquer quelques fouilles ; mais elles devraient être conduites avec intelligence par un archéologue érudit.

pouvantables misères, devint peu à peu notre grande et glorieuse patrie.

Le Moyen-Age commençait et, avec lui, les guerres, les massacres, les pestes, les famines, l'ignorance et le crime sous toutes leurs formes. C'est à peine si, de loin en loin, pendant de longs siècles dans toute l'Europe quelques nobles figures nous consolent des maux où le monde fut alors plongé.

* *

Les hommes du Nord (Normands, Saxons, Danois, etc.) n'attendirent pas la chute de l'empire Romain pour commencer leurs ravages sur le territoire de la Gaule. On les vit apparaître dès l'année 368. Ils se réunissaient par petites troupes sur des barques légères, et descendaient à l'improviste, tantôt sur un point, tantôt sur un autre, semant partout sur leur passage, la terreur, le massacre et l'incendie. Quand ils étaient fatigués de tuer et chargés d'un butin suffisant, ils se rembarquaient pour revenir bientôt.

Il est facile, aujourd'hui encore, de reconnaître sur les ruines du Lisieux Gallo-Romain les traces d'un incendie considérable, attestant que notre vieille cité ne fut pas plus épargnée que les autres par les bandits venus du Nord.

Sous le règne de Charlemagne, de 771 à 814, les peuples de la Gaule jouirent d'une certaine sécurité ; mais le grand empereur ne put rien contre les invasions des pirates sur les rivages de son vaste empire.

A sa mort, l'anarchie la plus complète se généralisa. Chaque province, on peut même dire chaque ville, eût ses ducs, ses barons, ses contes, ses vicomtes, ses marquis, pillant le pauvre peuple et guerroyant sans cesse les uns contre les autres. Lisieux était déjà et devait rester jusqu'à la Révolution de 1789, administré par un évêque qui portait le titre de comte et réunissait ainsi tous les pouvoirs spirituels et temporels. Le premier de ces évêques avait été Theudobaud, qui monta sur le siége épiscopal vers 538. — Cette date marque l'époque de l'introduction du christianisme dans notre région.

Les hommes du Nord multiplièrent alors leurs incursions avec la presque certitude de ne trouver devant eux aucune résistance sérieuse. L'un d'eux, Rollon, obtint en 911 du roi de France Charles-le-Simple, à titre définitif, la partie de la Gaule qui depuis porta le nom de Normandie. Il en fut le premier duc. Sous son administration régna une sévère justice. Nos ancêtres goûtèrent les douceurs d'une sorte de paix ; malheureusement cette paix fut de courte durée.

Les siècles qui suivirent furent les plus mouvementés et les plus douloureux peut-être de l'histoire lexovienne. Nous ne dirons rien de la révolte vite apaisée de Riouf, comte du Cotentin, contre Guillaume-Longue-Epée, fils de Rollon (921). Nous ne mentionnerons que pour mémoire la dernière et la plus terrible invasion des Danois (945) qui battirent les Français à Croissanville et pillèrent toute notre région. Nous passerons sous silence les prouesses de Guillaume, seigneur de Montreuil-l'Argillé, qui accompagna Tancrède de Hauteville dans son expédition contre les Sarrasins en Italie (1030) Nous avons hâte d'arriver à l'époque de Guillaume-le-Bâtard ou le Conquérant.

Le futur héros, proclamé duc de Normandie en 1035, malgré sa naissance illégitime, n'avait encore que huit ans. Plusieurs barons normands profitèrent de sa minorité pour essayer de proclamer leur indépendance. Mais Guillaume avait pour tuteur, d'après la coutume féodale, son souverain, Henri 1er, roi de France. Grâce à son appui et avec l'aide notamment des troupes lexoviennes, il vainquit les rebelles à la bataille du Val-des-Dunes en 1047.

Cependant plusieurs d'entre eux, à la tête de bandes armées, continuèrent à porter dans leur région le pillage et l'incendie. On cite parmi les plus féroces le baron Ernaud d'Echauffour qui ravagea tout le pays lexovien pendant les trois années consécutives, 1061, 62 et 63. La guerre en outre avait éclaté entre le jeune duc de Normandie et le roi de France, qui avait été battu, en 1058, à Varaville, près Dives.

Dès qu'il fut libre de ses dessins, Guillaume prépara contre l'Angleterre une expédition qui devait immortaliser son nom. Après avoir rassemblé à Dives et dans les ports voisins une flotte nombreuse, qui partit de St-Valéry-sur-Somme, le 30 septembre 1066, il débarqua

.heureusement en Angleterre avec son armée. Une seule bataille. la bataille de Hastings (14 octobre 1066) le rendit maître de tout ce grand pays, dont il se proclama roi sous le nom de Guillaume I. La plus large part de la victoire revint aux troupes lexoviennes, commandées par Roger, seigneur de Montgommery.

Nous n'avons que peu de choses à dire des croisades, dont les résultats furent si peu conformes au but de leurs promoteurs. mais si favorables aux progrès de la civilisation.

Les loxoviens n'y prirent qu'une part médiocre. Quelques-uns de leurs seigneurs seulement accompagnèrent Robert, duc de Normandie, à la première croisade (1096) Bohémond, prince de Tarente, Godefroy de Bouillon et Raymond, comte de Toulouse, qui fondèrent le royaume de Jérusalem (1107) et l'évêque de Lisieux, Arnulphe, qui lit un pèlerinage en Palestine en 1147.

*
* *

La période que nous venons de parcourir ne fut pas seulement signalée par des guerres terribles ; elle compta en outre d'autres calamités non moins meurtrières. La peste et la famine durèrent près de vingt ans sans interruption, depuis l'année 920 jusqu'en 940. En 1033, il y eût un tel manque de subsistances que nos ancêtres furent réduits à manger de la chair humaine. En 1055, éclata une grave épidémie à l'occasion de laquelle on emprunta à la ville de Bourges les reliques de St-Ursin. En 1095, on signala une pluie d'étoiles qui parût un signe effrayant de la colère céleste.

A cette période, remonte la fondation de la chapelle Saint-Jacques-le-Majeur, qui servit dans notre ville d'église paroissiale de 1030 à 1496, époque où l'on commença la construction de l'église actuelle. Les premiers travaux de la construction de notre cathédrale remontent à 1049.

Les pieuses fondations se multipliaient alors. Nous citerons, comme relevant de l'évêché de Lisieux, celles des abbayes d'hommes de Bernay (1017); de Préaux (1035); de Grétain (1050); de Cormeilles (1060) ; des abbayes de femmes de Saint-Désir-de-Lisieux (1050) et de Saint-Léger-de-Préaux (1060). Il y en eut d'autres encore de moindre importance dont on trouvera la liste dans les ouvrages spéciaux.

Nous sommes dans un siècle de foi profonde. La religion catholique y brille de tout son éclat ; mais ce serait une grande erreur de penser que les mœurs en fussent pour cela meilleures. Voici en effet un témoignage dont personne ne récusera l'autorité. C'est celui d'un des plus illustres pontifes de l'Eglise de Rome, le Pape Grégoire VII, qui s'exprime ainsi dans une lettre de 1074 :

« La dépravation des mœurs, qui va tou-
« jours croissant, a fait disparaître jusqu'aux
« traces de la vertu, et de cet honneur jadis
« tant vanté, il ne reste pas même l'appa-
« rence. Les lois sont méprisées ; toute justice
« est foulée aux pieds ; les crimes les plus
« infâmes, les actes les plus cruels, les plus

« vils, les plus excécrables, se commettent
« impunément et ces déréglements sont déjà
« passés en habitude. »

*
* *

Il nous est impossible de raconter en détail
la lamentable histoire des guerres incessantes,
des pestes, des famines qui désolèrent toute
notre région pendant la première moitié du
XIIe siècle. Elles eurent pour cause l'usurpa-
tion du trône d'Angleterre et du duché de
Normandie par Henri I au détriment de son
frère Robert-Courte-Heuse, et plus tard de
Guillaume Cliton, fils de ce dernier. La plupart des seigneurs normands, parmi lesquels
ceux du pays lexovien, prirent parti pour
l'héritier légitime contre l'usurpateur.

En 1136, la mort de Henri I provoqua une
nouvelle cause de troubles. Les seigneurs du
pays lexovien se prononcèrent en faveur
d'Étienne de Blois, neveu du roi défunt, contre
Geoffroy Plantagenet. Ce dernier vint assiéger
notre ville, dont il s'empara en 1141. Quelques années après, en 1147, il assiégea le
château de Fauguernon, le prit et le rasa
après trois mois de combats.—14,000 hommes
prirent part à ce siège mémorable.

*
* *

Une seule journée dans ce siècle apporta à
nos ancêtres l'illusion du bonheur. Henri II,
fils de Geoffroy Plantagenet, duc de Normandie et futur roi d'Angleterre, y épousa le

18 mai 1152 Eléonore de Guyenne, femme divorcée de l'imbécile roi de France Louis VII. dit « Le Jeune », qui lui apporta en dot la moitié de la France.

Les massacres, les pillages, les incnndies n'en continuérent pas moins dau; notre région. Dès l'année suivante, nous voyons Robert, comte de Montfort-sur-Risle, faire prisonnier, et enfermer au château d'Orbec, son oncle Valeran, comte de Meulan.

*

Les crimes d'ailleurs se multipliaient dans les familles seigneuriales d'alors. L'un de ceux qui eurent le plus de retentissement fut l'assassinat d'Arthur de Bretagne par son oncle, Jean-sans-Terre, qui l'étrangla de ses propres mains.

L'occasion était trop belle pour que Philippe-Auguste, roi de France, la laissât échapper. Il réunit les barons du royaume et leur fit prononcer la confiscation des biens du coupable Il s'empressa d'exécuter la sentence en envahissant la Normandie. Ce ne fut qu'une promenade militaire. Il entra à Lisieux sans coup férir en 1203.

*

Le treizième siècle fut marqué dans notre ville par deux créations utiles : la fondation du monastère des Mathurins, pour la rédemp-tion des captifs, vers 1210, et l'établissement des Trinitaires, en 1219, pour soigner les malades pauvres. Ce fut l'origine ne notre hospice. (1)

Il y eut aussi deux conciles à Pont-Audemer (2) (1267 et 1279) où l'on fulmina contre le dérèglement des mœurs du clergé et contre les Juifs. Ceux-ci durent être marqués au fer rouge, afin de les mieux désigner à la vindicte publique dont ils étaient alors, dans tous les états chrétiens, les innocentes victimes.

***

Une terrible famine signala les années 1315 et 1316. Cependant les vides qui se produisirent ,à cette occasion, parmi les habitants ne tardirent pas à se combler puisqu'en 1345 l'évêque Guillaume de Clermont, trouvant la ville trop à l'étroit dans son enceinte fortifiée, lui annexa le quartier des Coutures Mais ici disparaît la période de prospérité de notre ville. Nous sommes à la veille de l'interminable et douloureuse « Guerre de Cent ans », dont nous avons maintenant à exposer les événements lexoviens.

***

Nous y arrivons sans préambule. Les inva-

----

(1) Parmi les curieuses reliques que possède cet établissement, se trouve un fragment de vêtement de saint Thomas de Canteloup et non pas de Cantorbéry, comme on l'a cru à tort jusqu'à ce jour. – (Voir à ce sujet la très intéressante dissertation de M. F. de Mely dans la « Revue de l'art chrétien » tome II, 1891.)

(2) On sait que cette ville dépendait de l'Evêché de Lisieux.

sions d'alors tombaient comme des aérolithes. Il n'y avait en effet à cette époque ni poste aux lettres, ni télégraphes, ni journaux, ni chemins de fer, ni routes praticables. On n'était prévenu de l'approche de l'ennemi que lorsqu'il était déjà au pied des murailles. C'est ainsi qu'Edouard III, roi d'Angleterre, qui avait débarqué à Saint-Vaast-la-Hogue, s'empara de Lisieux et ravagea tout le territoire lexovien en 1346. Notre ville retombait aux plus mauvais jours de son histoire. Et, comme si les Anglais n'eussent pas suffi à la dévastation, elle eut encore à subir, depuis l'année 1352 jusqu'en 1368, les ravages de leur allié, le roi de Navarre, Charles-le-Mauvais, qui finit par s'en emparer à cette dernière date. Ce prince abominable, justement flétri par le surnom que ses contemporains lui donnèrent et que la postérité lui a conservé, entra dans notre ville au milieu du pillage et des massacres organisés par la troupe de bandits qui l'accompagnait.

*
* *

Cependant la fortune changea de côté. Le brave Duguesclin, connétable de France, vint au secours de notre province, dont il chassa les Anglais et les brigands qui l'infestaient (1378-79). Lisieux était alors gouverné par son évêque, Nicolas Oresme, qui fut l'un des savants les plus illustres de son siècle.

Malheureusement une nouvelle invasion anglaise se préparait. Lisieux fut pris en 1417 par Henri V. roi d'Angleterre. La terreur avait été telle qu'il ne se trouva dans notre ville, au moment de l'entrée des troupes anglaises, qu'un vieillard et deux femmes infirmes. Tous les autres habitants avaient fui. Beaucoup d'entre eux furent massacrés dans leur fuite ou périrent de misère. Les autres revinrent dans leurs maisons éventrées et se remirent au travail sans désespérer de l'avenir.

* *
*

A cette époque un véritable déluge de maux s'était abattu sur notre malheureuse France. La rivalité des Armagnacs et des Bourguignons ajoutait ses horreurs à celles de l'invasion anglaise. Les massacres succédèrent aux massacres. Dans l'un d'eux périt, assassiné à Paris, Pierre Fresnel, évêque de Lisieux. Ce jour-là, 12 juin 1418, quatre mille personnes furent égorgées à Paris seulement.

* *
*

Cependant la délivrance approchait. L'idée de la Patrie naissait peu à peu dans les cœurs. Elle fut personnifiée par une simple fille du peuple. notre sublime héroïne, Jeanne d'Arc. Nous n'aurions pas à prononcer son nom s'il ne se rattachait lugubrement à l'histoire de notre ville. On sait, en effet, que le président du tribunal d'Evêques qui la condamna à être brûlée vive à Rouen, le 30 mai 1431, fut Pierre Cauchon, alors évêque de Beauvais, lequel, vers cette époque, fut promu à l'évêché de Lisieux. Son nom restera au pilori de l'histoire.

*
* *

C'est toutefois à cet évêque qu'il convient de faire remonter l'origine de la municipalité lexovienne. Il réunit en effet, à la date du 23 février 1437 une assemblée des notables habitants pour nommer un *gouverneur* et des *entremettiers*, qu'il chargea d'administrer la ville. Une charte de son successeur, Thomas Bazin, en date du 30 mars 1448, donna à notre municipalité sa constitution officielle, sous le nom de *Conseil des Ménagiers* qui s'appela un peu plus tard, *Conseil des Echevins*. La commune de Lisieux commença donc à se constituer près de 400 ans après les premières communes du Royaume de France. Il faut d'ailleurs reconnaître que notre cité a rarement marché à l'avant-garde du progrès ; mais poursuivons notre récit.

*
* *

L'élan de patriotisme provoqué par Jeanne d'Arc ne tarda pas à porter ses fruits. Le 16 août 1449 notre ville reçut en libérateurs les lieutenants de Charles VII, dont le souvenir fait encore battre de reconnaissance le cœur de tous les Français. Nous avons nommé les comtes de Dunois, d'Eu, de St-Paul et le sire de Saintrailles. Lisieux était alors gouverné par un de ses meilleurs évêques, Thomas Bazin, qui, cependant devait mourir en exil à la suite de ses démêlés avec Louis XI. — L'horrible guerre de cent ans était finie.

★
★ ★

Il semblerait que notre ville, délivrée de l'étranger, dût jouir enfin des bienfaits d'une paix glorieusement conquise. Elle en eût joui en effet sans la tyrannie de l'Inquisition, qui fut d'ailleurs dans notre région moins sanguinaire que dans beaucoup d'autres pays. Il nous faut cependant noter les années 1463, 1513, 1524 et 1547 où la flamme des bûchers dévora dans notre ville des hérétiques, de prétendus sorciers et quelques voleurs. C'est ainsi qu'on préludait aux Guerres de Religion, dont nous avons maintenant à nous occuper.

★
★ ★

Ce fut comme une épidémie morale qui ravagea toute la France et l'Europe entière à l'époque où nous sommes parvenus. Disons tout de suite que cette épidémie fut relativement bénigne dans notre région, grâce à l'esprit de modération des habitants qui est un des traits distinctifs du caractère lexovien.

Notre ville eût seulement à souffrir de quelques désordres du 7 au 16 mai 1562 et encore faut-il en faire retomber la responsabilité sur le fanatisme des chanoines de la cathédrale **et de l'évêque Jean-le-Hennuyer, dont nous allons** avoir bientôt à rectifier la légende.

Les protestants Lexoviens et des environs de Lisieux, excédés des insultes dont ils étaient journellement l'objet de la part des catholiques, s'emparèrent des clefs de la ville et établirent un comité à la Maison commune (Hôtel-de-Ville). Ils demandèrent par l'organe de ce comité au chapitre (conseil des chanoines) de faire cesser à l'avenir les outrages dont ils se plaignaient et à prendre, de concert avec eux, les mesures nécessaires pour préserver notre cathédrale d'un pillage comme celui dont la cathédrale de Rouen avait été victime quelques jours auparavant.

C'était une demande modeste, inspirée par une sage prévoyance. Cependant les chanoines, excités par l'évêque, se refusèrent obstinément à y donner leur adhésion. Alors il arriva, ce qui devait arriver : les protestants ayant à leur tête Guillaume de Hautemer, seigneur de Fervaques, qui devint plus tard maréchal de France, se réunirent en armes, chassèrent les dix hommes de garde postés à l'entrée de la cathédrale, y pénétrèrent, brisèrent les autels et les statues des saints, s'emparèrent des pierreries, des vases d'or et d'argent et brûlèrent les ossements plus ou moins authentiques du reliquaire. Puis, ils confièrent à deux d'entre eux les clefs de la cathédrale, en y défendant l'exercice du culte. Ils se rendirent ensuite à l'église des Jacobins qu'ils démolirent.

Ces troubles cessèrent quelques jours après sur l'ordre du duc de Bouillon, lieutenant-général de Normandie pour le Roi, qui réclama la remise immédiate des clefs au chapitre et le rétablissement du culte, ce qu'il obtint sans résistance.

Ce fut donc une petite émeute calmée promptement, dans laquelle, chose digne de remarque, la personne des catholiques fut épargnée et leurs biens respectés. On parle seulement de quelques festins que les protestants se permirent dans la maison des chanoines pour célébrer leur fugitive victoire.

Il semblerait que tout dût être fini quand les clefs de la cathédrale eurent été remises aux chanoines et le culte rétabli. — Erreur! La répression fut terrible!! Les chefs purent s'y soustraire par la fuite ; mais la vengeance des chanoines s'acharna sur les hommes du peuple de la plus modeste condition. Sept de ces pauvres gens furent condamnés à la potence ou au supplice horrible de la roue. Leur exécution, par un raffinement de cruauté, fut échelonnée à un mois d'intervalle en août, septembre et octobre de la même année. Le parti clérical d'alors, creusait ainsi, comme à plaisir, un abîme de plus en plus profond entre protestants et catholiques.

*
* *

Le 15 mars de l'année suivante (1563), Lisieux rentré sous l'autorité de son évêque, repoussa une troupe de protestants envoyée de Caen par l'amiral de Coligny pour s'en emparer. Les assiégeants repoussés se dirigèrent sur Bernay qu'ils prirent et pillèrent le surlendemain.

Après la guerre, la peste. Ces deux fléaux

s'engendrent souvent. Notre ville eût à souffrir du second pendant les derniers mois de
cette même année.

Nous arrivons à la lugubre journée de la
St-Barthélemy, 24 août 1572, où selon l'his-
torien de Thou, 30,000 protestants furent lâ-
chement assassinés par ordre du roi de France
Charles IX. Un très petit nombre de villes,
parmi lesquelles nous sommes heureux de
trouver notre vieille cité, osèrent résister à
ces ordres exécrables. La vie des protestants
y fut épargnée.

A qui en revint l'honneur?

Serait-ce à l'évêque de Lisieux, Jean-Le-
Hennuyer, comme l'ont affirmé, sans preuves,
deux moines fantaisistes qui vivaient 170 ans
après l'événement? — Toutes les pièces authentiques de l'époque le représentent comme
un des plus violents persécuteurs des protestants. On a retrouvé sur le registre des
délibérations du Chapitre de Lisieux, la protestation de cet évêque, contre l'Edit de Tolérance du 10 janvier 1562, qu'il refusa toujours
de laisser appliquer dans son diocèse. Si
même on s'en rapportait à un manuscrit con-
temporain, il semblerait qu'il ne se serait pas
borné à cette protestation écrite, mais qu'il
aurait prononcé à la porte de sa cathédrale
un discours virulent qui aurait excité la fu-
reur des protestants. On sait enfin qu'il fut le
confesseur et probablement l'inspirateur du
roi de France Charles IX et de son odieuse

mère Catherine de Médicis. Il n'est donc pas vraisemblable de supposer que les protestants lui durent d'avoir échappé au massacre de la St-Barthélemy.

Mais à qui donc en revient l'honneur?

L'honneur en revient tout entier et sans partage aux magistrats municipaux de notre ville qui avaient alors à leur tête le capitaine Guy Longchamps de Fumichon (1). On en trouve la preuve indiscutable sur le registre des délibérations des échevins très bien conservés jusqu'à nos jours dans les archives municipales de notre ville. On voit en effet que par une première délibération en date du 24 août (jour même de la Saint-Barthélémy, la coïncidence est digne d'être remarquée), ils firent défense à Jean Boudot et à Guillaume Pierre de jouer le drame grotesque et sanguinaire de « Mme Ste-Berbe »; que le prêtre Gaulthier, n'ayant tenu aucun compte de cette défense, ils la réitérèrent par une nouvelle délibération en date du 29 août; qu'ils prirent enfin les plus minutieuses précautions pour protéger les protestants contre les assassins qui auraient pu être envoyés dans notre ville par le Roi de France.

La lumière paraissant faite aujourd'hui sur cette question, nous nous bornerons à faire observer (et ce sera notre conclusion) combien

---

(1) Ces mêmes magistrats avaient déjà eu, l'année précédente, l'honneur de fonder le collège de notre ville, qui fut d'abord établi dans la rue du Bouteiller. Mais ils avaient dû soutenir à cette occasion contre l'évêque Le Hennuyer un procès long et dispendieux. — Cet évêque se montra en effet toujours aussi ennemi de l'instruction de la jeunesse que de la tolérance religieuse.

il est étrange, pour ne pas dire plus, que le nom de cet évêque fanatique ait été donné, et maintenu jusqu'à ce jour, à l'une des places de notre ville. Mais reprenons la suite de notre sujet.

*
* *

A partir de cette journée de la Saint-Barthélémy, sur laquelle les siècles passeront sans en effacer l'horreur, les Guerres de Religion reprirent avec une violence nouvelle. Nous nous bornerons, comme nous l'avons fait jusqu'à présent, à enregistrer les faits de cette époque intéressant notre ville.

En 1589, les paysans des environs de Lisieux réduits à la misère par les pillages et les exactions de toutes sortes, se réunirent en armes au nombre de 12,0 0 à la Chapelle-Gautier, près Orbec, d'où le nom de Gautiers qu'on leur donna. Ils étaient commandés par le seigneur de cette commune et le baron d'Échauffour. Le Gouverneur de Normandie, François de Bourbon. duc de Montpensier, les écrasa à la bataille de Pierrefitte-en-Cinglais, près Villers-Canivet. Les fugitifs se réfugièrent à Vimoutiers, à la Chapelle-Gautier et à Bernay, où ils ne tardèrent pas, pour la plupart, à être pris et massacrés.

*
* *

Cependant Henri IV, le plus populaire de nos rois, conquérait peu à peu son royaume,

Il mit le siège devant Lisieux le 15 janvier 1590 et s'en empara le 22.

Il laissa la vie sauve à ses défenseurs et même leur permit de se retirer librement, se bornant à imposer à notre ville une contribution de guerre de 25,000 écus. Le capitaine Fumichon, qui en était encore Gouverneur, se retira d'abord au château de Courtonne-la-Meurdrac, puis il rejoignit l'armée des ligueurs, où il fut fait prisonnier à la bataille d'Ivry. Il ternit ainsi la gloire d'avoir sauvé du massacre les protestants lexoviens, tant il est vrai que, dans les époques troublées, les meilleurs peuvent quelquefois méconnaître leurs devoirs, non par manque d'honneur, mais par défaut de clairvoyance.

*
* *

L'édit de Nantes, promulgué le 13 avril 1598 par Henri IV, suspendit, mais ne termina pas les Guerres de Religion. Elles se continuèrent sous les règnes de ses successeurs, Louis XIII et Louis XIV. Elles prirent même sous ce dernier un caractère particulièrement odieux, ou plutôt, ce furent de véritables hécatombes dans lesquelles on n'épargna même pas les enfants dans leurs berceaux. Notre ville n'ayant pas eu à souffrir de ces atrocités, nous les passerons sous silence.

Pour la même raison, nous ne dirons rien des troubles qui se produisirent pendant la minorité de ces rois. Qu'il nous suffise de constater qu'ils eurent pour résultat l'abaissement de la féodalité et le triomphe du pouvoir royal.

Nous ne parlerons pas des guerres étrangères que la France eût à soutenir à cette époque. Elles furent souvent glorieuses même sous le débauché Louis XV. Un certain nombre de Lexoviens y participèrent avec honneur. Nous citerons parmi les plus illustres les de Montgommery, de Gacé, de Matignon, de Folleville, de Neuville, de Vieux-Pont, de Beuvron, de Brèvedent, de Nonant, de Mesnil-Durand, sans parler des bourgeois et des paysans qui les accompagnèrent en qualité de simples soldats.

Nous ne dirons rien non plus des famines, des pestes et des épidémie, qui frappèrent les hommes et les animaux pendant les années 1635, 1637, 1651, 1693, pour ne parler que des plus désastreuses.

Nous noterons la création dans notre ville de deux écoles gratuites : la première en 1628, la seconde en 1683. Et nous remarquerons, en passant, combien il est curieux de trouver ajourd'hui encore des chevaliers de la réaction assez intrépides pour méconnaître les bienfaits de l'instruction populaire. Ce sont, il n'en faut pas douter, les derniers survivants des âges disparus égarés dans le nôtre.

Nous rapellerons avec honneur dans la seconde moitié de ce siècle, des noms des évêques Eléonore I et Eléonore II, de Matignon, qui furent dans notre vil e les protecteurs des lettres et les bienfaiteurs des pauvres.

La sécurité s'établissait peu à peu. On n'assassinait plus sur les routes que de loin en loin. Il est vrai qu'on pouvait périr dans les fondrières dont elles étaient semées par suite de leur défaut d'entretien. Mais, avec un peu d'habileté, on pouvait aussi s'en tirer sain et sauf. Cela permit au commerce de naître. C'est ainsi que nous voyons s'établir dans notre ville des tanneries, des manufactures de toiles et de frocs, ainsi que toutes les industries nécesssaires aux besoins d'une ville assez importante.

L'histoire des corporations ouvrières avec leurs maîtrises et leurs jurandes, serait intéressante à raconter ; elle aurait en outre l'avantage de montrer combien leur abolition a été profitable aux ouvriers ; mais nous l'écartons pour ne pas sortir de notre cadre.

Nous sommes arrivés à l'époque de la Révolution de 1789, dont nous allons exposer aussi brièvement que possible les événement lexoviens. Quelques-uns des ancêtres maternels du signataire du présent opuscule ayant, malgré leur situation modeste, participé avec quelque éclat à certains d'entre eux, il sera obligé de rappeler leur souvenir, non pour en tirer vanité, mais pour ne pas être accusé d'avoir tronqué l'histoire. Ils y ont d'ailleurs figuré dans des circonstances tellement caractéristiques qu'il lui suffira de citer leurs actes pour donner une juste idée de cette dramatique époque (1). Quant à ses ancêtres paternels, qui furent pour la plupart de vaillants soldats, des chevaliers de Saint-Louis et des chevaliers de Malte, il n'a pas à en parler ici, leur vie n'ayant rien de commun avec le passé de la cité lexovienne.

L'aurore de la Révolution fut saluée avec enthousiasme à Lisieux, comme dans toute la France, comme dans tout l'univers civilisé.

On sentait que des abus séculaires allaient disparaître pour faire place à un ordre de choses plus équitable et plus fraternel. Nous n'en voulons pour preuves que l'adresse de félicitations au Roi, rédigée le 19 janvier 1789, par les députés des Corps et Communautés de notre ville et une autre adresse, en date du 29 du même mois, votée par le maire et les officiers municipaux de Lisieux à Neker, alors directeur général des Finances.

Nous remarquerons tout d'abord (et ceci s'applique à l'époque entière de la Révolution), que les Lexoviens, grâce à l'esprit de modération qui les distinguait déjà au temps des guerres de Religion, évitèrent les terribles convulsions qui ensanglantèrent alors un trop

---

(1) L'histoire de Lisieux pendant la Révolution est encore à faire. Les documents abondent dans les archives publiques de notre ville et probablement aussi dans les papiers de famille d'un grand nombre de nos concitoyens. — Ce serait un travail considérable que le signataire de cette notice n'a, en ce moment, ni la prétention, ni le loisir d'entreprendre.

grand nombre de villes. La sécurité dont notre cité ne cessa de jouir fut surtout l'œuvre des citoyens courageux qui acceptèrent à cette époque la lourde charge des fonctions publiques et y déployèrent autant de bienveillance que de fermeté.

*
* *

Nous noterons toutefois l'émotion singulière qui se produisit au début de la Révolution à la même heure dans notre ville et sur tout le territoire de la France. On était au matin du 24 juillet 1789. — Ce jour-là, des inconnus, se donnant pour des courriers, répandirent en tous lieux le bruit d'attaques de brigands réunis en troupes nombreuses. — Le fait n'avait alors rien d'invraisemblable. — Partout les gardes-nationales, nouvellement organisées, coururent aux armes ; les bourgeois, les ouvriers, les adolescents eux-mêmes se montrèrent animés de sentiments non moins intrépides. — De brigands, il n'y avait pas trace ; mais on trouva partout, jusque dans les plus pauvres villages, d'héroïques citoyens disposés à se prêter les uns aux autres un fraternel appui.—La France parut mûre pour la liberté et capable de la défendre.

*
* *

Cependant les grandes guerres de la Révolution allaient commencer. Elles commencèrent par des revers. Nous rappellerons à ce sujet avec beaucoup de reconnaissance et d'admiration l'immense élan de patriotisme qui souleva notre ville, en septembre 1792, au moment de la proclamation de « La Patrie en danger ! ». On avait dressé à la hâte un « Autel de la Patrie » sur la place de la Fédération (aujourd'hui, Grande - Couture). En quelques heures, cet autel fut couvert des bijoux spontanément offerts par les dames de la ville, tandis qu'un nombre considérable de volontaires se faisaient inscrire et partaient immédiatement pour la frontière. La victoire de Valmy, 20 septembre 92, sauva la France et permit à la République, qui fut proclamée le sur-lendemain par la Convention nationale, de naître dans une lueur d'apothéose.

* *
*

Malheureusement les factions qui divisaient notre grande assemblée eurent leur répercussion dans le pays lexovien. En juin 1793, les Girondins proscrits traversèrent notre ville. Ils réunirent une petite armée destinée à marcher sur Paris. La Convention leur opposa les forces supérieures de l'armée dite « des Côtes de Cherbourg » et les battit aux environs d'Evreux. L'armée victorieuse traversa notre ville les 28, 29 et 30 juillet. Elle y fut accueillie très froidement par la majorité de la population qui était sympathique à la cause des vaincus.

La République devint alors, selon l'expression du temps : « Une et indivisible ». Ses victoires sur les ennemis du dehors, en même

temps que sur ceux du dedans, ne tardèrent
pas à lui assurer le dévouement de tous les
patriotes.

*
* *

Nous sommes à l'époque la plus douloureuse de la Révolution : c'est l'année de la
famine et de la Terreur (1793).

Nous ne dirons rien de la famine, de peur
d'allonger outre mesure notre récit. On lira,
dans les affiches du temps, soigneusement
conservées dans nos archives municipales,
les efforts héroïques, mais parfois maladroits,
que l'on tenta alors pour combattre la cherté
des subsistances. Nous nous bornerons à indi-
quer dans leur ensemble les souvenirs de la
Terreur dans notre ville.

Ce n'est pas par une vaine phraséologie que
la Convention avait inscrit sur ses drapeaux
« La liberté ou la mort ». Décidée à vaincre
tous les obstacles, elle promulgua, à la date
du 17 septembre, un décret aux termes duquel
était ordonnée l'arrestation de quiconque,
homme ou femme, pouvaient être suspecté
d'opposition à la Révolution. Le but de ce
décret était de réduire à l'impuissance les
ennemis probables du nouvel ordre de choses.
Il pouvait être aussi inspiré par la pensée très
humaine de soustraire aux vengeances parti-
culières les privilégiés de l'ancien régime,
pour lesquels on devait redouter la violence
des passions alors déchaînées.

Que l'on approuvât ou que l'on désap-
prouvât alors les décrets de la Convention,

nul ne se fût hasardé à leur refuser l'obéis-
sance. Le comité révolutionnaire de Lisieux
(dont mon bis-aïeul J.-B. Sorel avait été élu
membre sans en avoir sollicité l'honneur), fit
donc enfermer à l'ancien couvent du Bon-
Pasteur (maison actuellement démolie, sur
l'emplacement de l'abreuvoir de la rue de
Livarot) soixante-neuf prêtres, nobles, reli-
gieux et dames, dont le seul crime était de
ne pas montrer un attachement suffisant au
Gouvernement qui les dépouillait de leurs
titres et de leurs privilèges.

Trente-deux de ces malheureux furent
délivrés pendant l'hiver qui suivit leur arrestation, à la suite de démarches faites par
Sorel qui obtint leur libération provisoire à
Caen, du représentant du peuple, Fremanger,
et leur élargissement définitif à Paris, des
autorités compétentes (1).

Les autres, au nombre de trente-sept, ne
furent libérés qu'après la chute de Robes-
pierre (9 thermidor an II, 27 juillet 1794).
Leur délivrance fut obtenue du représentant
du peuple Bollet, alors en mission à Vire,
par Louis Du Bois et deux de ses collègues
de la société populaire de Lisieux.

J.-B. Sorel et Louis Du Bois, qui furent l'un
et l'autre d'excellents citoyens, quoiqu'ils

---

(1) Voir à la bibliothèque municipale de notre ville un
mémoire in-4°, de 11 pages, sous ce titre : — *Sorel,
membre du comité révolutionnaire de Lisieux, au représentant du peuple en mission dans le Calvados et les
départements contigus et à ses concitoyens.*

appartinssent à des nuances différentes du parti républicain, travaillèrent donc avec un dévouement égal à l'adoucissement du régime de la Terreur dans notre cité. Je dirai toutefois que ce dernier dans son histoire de Lisieux, éditée en 1845, (1) laisse deviner qu'il eut, comme membre de la Société populaire de Lisieux, sa part de responsabilité dans la publication d'un libelle diffamatoire lancé à cette époque par cette Société contre mon bisaïeul Sorel et ses collègues du comité révolutionnaire ; mais qu'il a déclaré que les accusations de ce libelle « n'étaient peut-être point suffi- « samment motivées et qu'assurément on doit « des éloges au comité révolutionnaire de « Lisieux, qui investi d'un pouvoir funeste « n'en abusa pas, puisque aucun suspect « ne fut envoyé au Tribunal révolution- « naire. »

J'aurais négligé de faire allusion aux violentes polémiques d'alors s'il ne s'en dégageait une leçon à l'usage de certains politiciens d'aujourd'hui, qui devraient user d'un peu plus de véracité et d'un peu plus de modération, s'ils veulent s'épargner, sur leurs vieux jours, de tardifs aveux. Il est d'ailleurs toujours maladroit et souvent funeste de traiter en ennemis ceux de ses concitoyens avec lesquels on ne diffère que sur quelques points de détail. — Est-il besoin d'ajouter qu'après la tourmente révolutionnaire, la paix se fit entre Louis Du Bois et ma famille. —

---

(1) Tôme I, pages 297 et 298.

J'ai été élevé dans le culte du poëte patriote dont le pays s'honore. On sait en effet que Louis Du Bois a ajouté un couplet à *la Marseillaise*, le couplet des enfants, qui est considéré comme l'un des plus beaux de notre hymne national. (1)

*
* *

Parlerais-je du combat qu'un autre de mes bis-aïeuls, Pierre Barbou, ancien avocat au Parlement de Paris, alors juge de paix à Vimoutiers, eût à soutenir, assisté d'un seul domestique, le fidèle et intrépide François Rivière, dans sa maison de Sainte-Foy-de-Montgommery, pendant la nuit du 13 pluviose an I (dimanche 1er février 1793), contre une troupe de ces féroces bandits connus sous le nom de chauffeurs ou de chouans? On admira son héroïsme à une époque qui en donna tant de merveilleux exemples. Ce combat, le seul de notre région, est raconté très en détail dans l'histoire de Lisieux de Louis Du Bois. (2)

Les chouans n'osèrent jamais en effet se

---

(1) Sur ma proposition, la société du Musée cantona de Lisieux, dans sa séance du 2 juin 1892, a décidé l'apposition sur la maison jadis occupée par notre illustre conci oyen de la plaque commémorative qu'on y voit aujourd'hui.

(2) L'auteur s'est trompé en rapportant ce fait à la date de l'an III de la République. Il reconnaît dans le cours du récit que mon grand oncle Edouard Barbou n'avait alors que 18 mois. — Or, il est né le 14 septembre 1791.

mesurer dans notre département, ni avec la troupe régulière, ni même avec la garde nationale. Ils se réunissaient pour faire un coup nuitamment, à l'improviste et se dispersaient aussitôt.

Pierre Barbou en reconnut plusieurs aux clartés de la lune et à la lueur de l'incendie de sa maison. Mais, comme à une rare bravoure, il unissait une bonté non moins rare, il se refusa toujours à les dénoncer à la justice. Il leur accorda même à tous un généreux pardon.

*   *

En 1796, quand l'ordre public commença à renaître, dix de ces bandits (pas de ceux reconnus par Pierre Barbou, mais d'autres non moins coupables, parmi lesquels quelques-uns avaient été condamnés au bagne sous l'ancien régime), dix de ces bandits, disons-nous, furent pris et fusillés, les uns sur la place de la Victoire, les autres dans le Grand-Jardin. — A part ceux qui protestent contre la peine de mort, nul ne dira que ce châtiment ne fut bien mérité.

Mais il faut déplorer le massacre de l'huissier Girard, égorgé, le 16 août 1792, par le peuple irrité de quelques paroles irrévérentieuses prononcées par lui contre la Révolution. Ce fut le seul crime qui ternit les fastes révolutionnaires de notre ville.

*   *

Vers la même époque, un prêtre faillit avoir le même sort. Menacé et bousculé par la populace en délire, il fut aperçu par ma bisaïeule Sorel, qui se précipita à son secours. Elle ne dit que ces mots : « Citoyens, j'en réponds ! » La colère des forcenés, qui le poursuivaient, se calma comme par enchantement ; ma bisaïeule le conduisit dans sa maison, d'où il put bientôt se réfugier en Angleterre.

*
* *

Pendant cette période grandiose et terrible, le culte catholique fut, en effet, aboli à Lisieux comme dans la plus grande partie de la France, c'est-à-dire partout où les prêtres (et ce fut la majorité) se refusèrent à prêter serment de fidélité à constitution civile du clergé.

Les églises furent livrées aux clubs et aux Sociétés populaires. On y rédigea les actes de l'état civil. On y lut les lois nouvelles, les décrets de la Convention et les journaux du temps, moins nombreux que ceux d'aujourd'hui. — Le peuple, méconnaissant alors les grands principes de tolérance, de liberté et de justice au nom desquels la Révolution s'était faite, rendit ainsi possible, par ses excès même, le rétablissement d'une religion des abus de laquelle il avait eu longtemps à souffrir. Le culte, supprimé dans notre ville le 27 octobre 1793, y fut rétabli à la Saint-Napoléon, le 15 août 1802.

*
* *

L'épopée impériale et les faits qui suivirent sont trop connus pour que nous ayions besoin de les retracer. Nous rappellerons seulement les noms des deux Lexoviens qui s'y illustrèrent le plus : ceux du baron François Rosey, qui devint maréchal de camp, et du baron de La Fosse, qui devint général.

⁎

Nous avons terminé notre étude. Bien qu'elle soit très incomplète, nous pensons avoir indiqué avec exactitude les grandes lignes de la tragique histoire de notre antique cité.

Quand, malgré quelques nuages qui assombrissent parfois encore le ciel politique, nous comparons la douce paix dont nous jouissons dans nos calmes foyers à la série de tribulations dont notre ville a été remplie pendant toute la durée des siècles, nous éprouvons un sentiment analogue à celui du marin battu par la tempête, qui arrive enfin au port. Nous remercions le ciel de nous avoir donné la paix et la sécurité. Voilà les fruits du Gouvernement républicain. Ce Gouvernement peut, sans doute, commettre des fautes; mais le droit de suffrage libéralement accordé à tous les citoyens en assure la réparation. Nous comprenons que nous ne sommes plus à la merci des caprices d'un roi ou d'un empereur, mais que nous sommes, nous-mêmes, les maîtres de nos destinées. Est-il possible de rêver une meilleure forme de Gouvernement?

Avec ses vertes prairies, où paissent de

grands bœufs tranquilles; avec ses riantes collines, où fleurissent les pommiers, notre jolie ville est un séjour plein de charmes. Aimons bien cette région où la nature a prodigué ses dons. Et surtout, aimons-nous bien les uns les autres; mettons en pratique la noble devise que notre immortelle Révolution a fait inscrire sur ses pièces de monnaie :

L'Union fait la Force.

Portant alors vers l'avenir des regards plus assurés, nous marcherons d'un pas plus ferme sur le chemin du progrès.

Edmond GROULT.

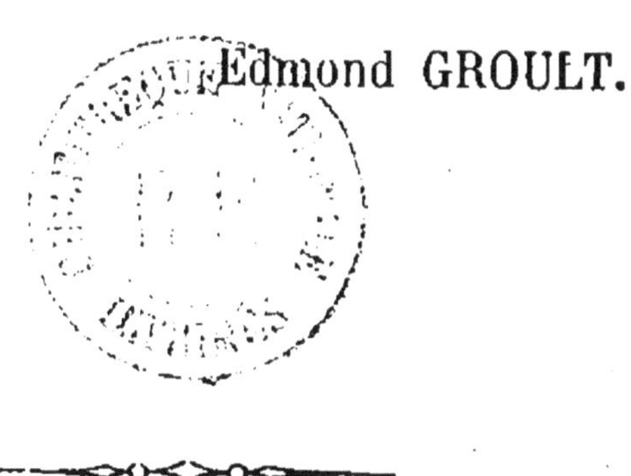

LISIEUX. — Imp. Typ. & Lith. CHOPPE & MORIÈRE
rue du Bouteiller, 20 et 22

9 782019 144692